AF176127

Elena Gerassimenko

Ovid ist tot

Gedichtsammlung

Herstellung und Verlag:

BoD – Books on Demand, Norderstedt

ISBN: 9783757800819

Für J

Ovid ist tot

Lesbia, mea Lesbia,

Ovid ist nun schon lange tot,

aber ich schreib dir weiter Briefe.

Nicht annähernd so schön vermutlich,

aber umso wahrer

(vielleicht auch nur Fiktion)

Denn kein Wort wird jemals sterben,

wenn ich es mit Tinte in meine Haut schreib.

Ich dachte Trauer wär' die größte Muse,

dachte nur aus gebrochenem geht Kunst hervor.

Hatte ich die Liebe völlig vergessen.

So und so viel Volt

Wo ist der Reiz hin,

die Erregung?

Als wir noch nicht wussten, wie wir fühlen,

nur die Spannung spürten,

die stieg, je näher wir uns kamen.

Spielerisch und schüchtern neckend,

herausfinden, was die andere will.

Schultern, die sich berührten zum ersten Mal.

Und dann dein Arm um mich gelegt,

Chemikalien und Hormone, Herzinfarkt.

Wollten nicht, dass Zeit vergeht,

Wollte nicht, dass du gehst.

Sucht nach Haut, nicht schlafen können,

weil du neben mir liegst.

Sucht nach Berührung, unsere Lippen, die sich immer
wieder finden.

Das Adrenalin, wie kurz vorm Ertrinken,

ertrinke in dir.

Die verstohlenen Blicke in Gesellschaft von anderen,

warten bis wir allein sein konnten.

Der erste Abschiedskuss am Morgen,

das erste Mal an den Händen halten draußen,

das erste Ich will nicht, dass du gehst.

Das alles ist schon eine Weile her,

doch ich fühl es noch genau so sehr.

Dieses Ziehen in meiner Brust

Du umschließt alles, was gebrochen ist

Und brichst auf, was ich zuschließe.

Ich halte fest, was in dir schwankt

und schwanke mit dir durch die Straßen,

fest umschlossen deine Hand.

Straßen führen ins nichts und irgendwann.

Ich renne weg vor allem, was da ist

und bin da für alles, was noch kommt.

Rennend kommt man schneller voran,

doch alles zieht vorbei.

Ziehe an deinen Haaren,

dass du mitkommst nach oben,

doch von zu weit oben fällt man tief.

Falle weich auf Kissen,

küsse jede Falle, die du mir stellst.

Stelle mir viel vor,

nichts und irgendwann.

Ticket

Wie oft muss ich stempeln bis der Zug

ins Jenseits fährt?t

Wann bin ich da?

In zwölf Stunden oder zwölf Jahren?

Schlaf ich ein auf der Fahrt?

Schlafmittel am Bahnhof gekauft,

für ruhige Träume,

und eine Cola zum runterspülen.

Vielleicht fahr ich einfach schwarz,

komme ja eh nirgendwo an.

Verlasse nur alle,

die ich nicht verlassen will.

Vielleicht steig ich aus

kurz vor der Endstation

und renne

renne

renne

zurück.

Du bist so heiß

Sommer schmeckt nach Sonnenbrand

und Insektenschutzspray.

Sommer schmeckt nach Sex im Freien

und den blauen Flecken danach.

Sommer schmeckt nach stickigen Bussen

und schweiß im Nacken,

Hitze in den Wangen und Hitze in der Brust.

Benommen vom Alkohol, Sommerschlaf.

Dünne Decken, dicke Sonnencreme,

kannst du mich einschmieren?

Danke.

Am Aperol nippen, welch Dekadenz.

Als gehöre uns die Jahreszeit allein

Ich freue mich schon auf den Herbst,

wie immer

Leute wollen immer das, was sie nicht haben,

und haben, was sie nicht wollen.

Ich will wieder frieren,

damit du mich wärmst,

will wieder weinen,

damit du mich tröstest.

Aber stattdessen bin ich

die willkommene kühle Hand auf deiner Stirn,

das Wasser, dass dich nicht dehydrieren lässt,

der Duft von Blumen in deiner Nase,

Der Grund, warum du den Sommer liebst.

Warten

Ich versenke mein Gesicht in deinem Kissen.

Du bist erst seit kurzem weg.

Mein altes Ich hätte Angst,

dass du nie zurückkehrst.

Aber ich zweifle nicht mehr.

Vielleicht bist du uns was zu essen holen

oder Zigaretten,

Vielleicht bist du in einem Flugzeug Richtung
Mittelmeer

oder nur unter der Dusche.

Ich kann warten,

denn das Warten wird ein Ende haben,

wenn ich dein Lächeln wieder sehe,

deine schönen Locken in meiner Hand,

nein ich habe keine Angst.

Noch ist es zu früh.

Drink

Gin

Tonic

Mit Eis und einem Strohhalm.

Bitter-süß auf der Zunge,

wie ich mich gerne selbst sehe.

Kein Untersetzer auf der Holzplatte,

no risk, no fun,

wie kleinbürgerliche Kleinbürger gerne sagen.

Oder wir, wenn wir uns lachend gegenübersitzen.

Du trinkst ein Bier,

bescheiden und geht immer,

wie du dich gerne selbst siehst,

wenn du mich nicht zum Essen ausführen würdest.

Natürlich wird es nicht bei einem bleiben.

Jugendlicher Alkoholismus,

die heruntergespielteste Sucht in unseren Kreisen,

Neben der Liebe.

Was soll man sonst mit seiner Freizeit tun?

Wir

Wir gehen zu dir und ich werde dich malen

Ohne Kleidung.

Du gibst dich widerwillig doch weißt,

dass ich das will, weil ich dich so sehr vergöttere.

Der nächste Wein schon entkorkt,

die zweite Nase heute Nacht,

selbstgedrehte Kippen.

Die Anzahl wollen wir schon lange nicht mehr wissen.

Kaum jemand lernt sich noch nüchtern kennen.

Schlafen werden wir schlecht,

aber lange und immerhin zusammen.

Wir wachen auf in einer ernüchternden Welt.

Sorgen, die wir versuchen zu verdrängen, drängen sich uns auf.

Aber was soll`s.

Ich bin verbittert,

du bist süß.

Leere Worte

Ich könnte mich in dich verlieben

Sagst du nach dem Sex,

und ich bin still,

So wie du die Monate danach.

Dann hast du eine neue,

und ich einen neuen.

Plötzlich haben wir uns nichts mehr zu sagen,

eine freundliche Begrüßung, wenn man sich sieht.

Wie geht`s dir, lass uns wieder mal was machen.

Jaja, so geht das.

Warst immer der nette Kerl, der nette Sachen gesagt hat,

mit dem ich immer zu viel getrunken hab,

nur damit der Abend im Bett endet,

aber nie gut.

Hast mich schon einmal stehen gelassen,

also hab ich aufgehört auf dich zu warten.

Manche Fehler begeht man zweimal,

dann lernt man daraus auch zweimal.

Dachte du wärst der eine, aber nicht mehr für mich.

Jetzt bist du mir fast egal,

nur noch ein kurzes stechen in der Brust.

Und dann drehe ich mich um, und da steht er,

der mich wirklich liebt.

Und ich lächle,

Weil ich niemand anderen brauche.

Pilze

Blicke in den Himmel

So ein blaues Meer

Wellen schlagen gegen meinen Körper

Die Luft schmeckt süß

Seine Lippen schmecken süß

Süß, denk ich mir

Blicke auf das Gras

Was aus meinen Knochen einmal sprießen wird,

woher ich komme, wohin ich gehe.

Ich lache, einfach weil ich`s kann,

weil der Mund zum Lachen gemacht ist,

sonst könnten wir es nicht.

Liege in seinem Schoß wie in einem Bett.

Süß.

Ich brauche nichts mehr, ich habe alles.

Kein Hunger, kein Durst, aber nicht satt,

bedürfnislos.

Alles bewegt sich, im Moment gefangen

Und doch frei.

Er fährt mit seinen Fingern durch mein Haar,

Berührung ist ein Rausch,

Nerven senden glück,

Heute ist nichts scheiße so wie immer,

heute ist der Himmel ein Meer.

Dächer

Manche Leute stehen auf,

wenn wir ins Bett gehen.

Manche Leute löschen Nachrichten,

wenn wir Briefe schreiben,

Und du weißt, dass ich weiß, dass du weißt, dass du mich liebst.

Und andersherum.

Manche Leute stehen auf

Bodenständigkeit,

wenn wir auf Dächer steigen.

Und Leute machen aus Wasser Wein,

doch wir aus Tränen Schweiß.

Kommen nicht aus dem Bett raus,

kommen immer wieder.

Tasten nicht durchs Dunkel,

sondern greifen hinein und ziehen uns heraus.

Manche Leute sind wir,

aber auch wieder nicht.

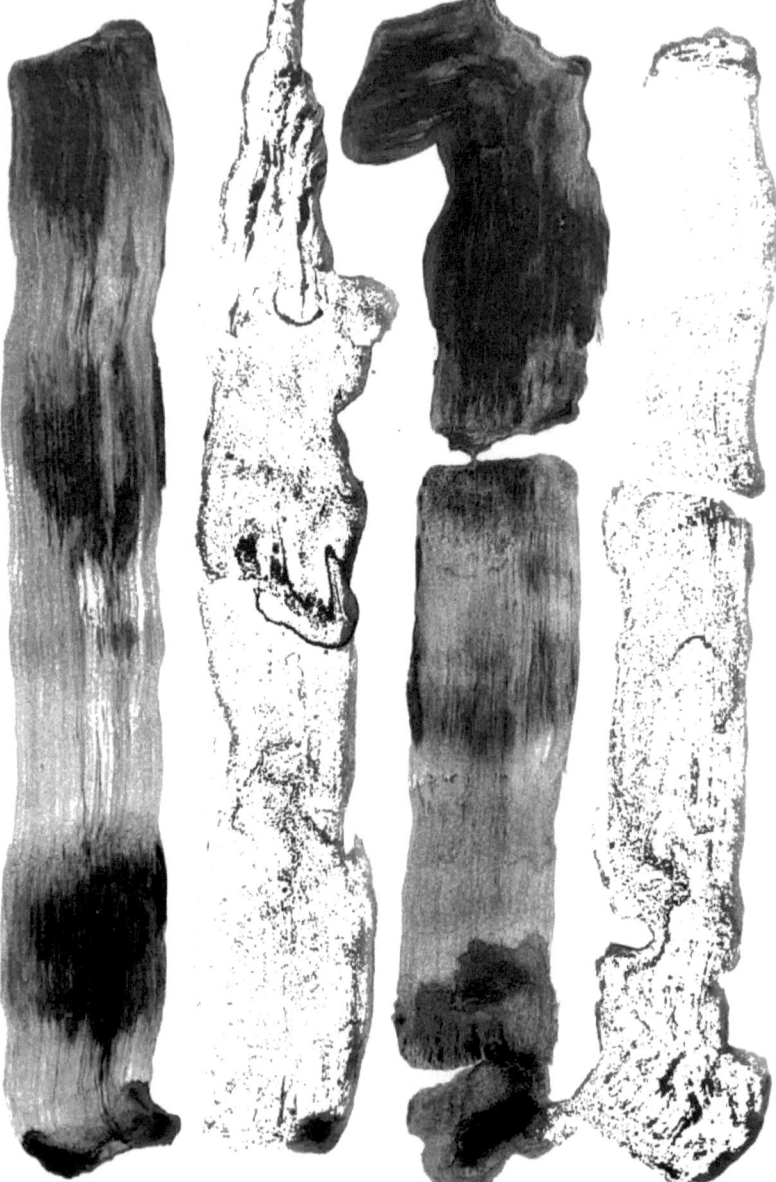

Vitamine

Poppen, schmeißen, schlucken,

verdunkelt mein Zimmer,

lass mich liegen im Bett.

Festgenagelt,

sternhagelvoll.

Dreh den Spiegel um,

ich will nicht reingucken.

Ein Blick und ich reiße mich auseinander.

Gläser klirren,

Wer spült das Geschirr?

Ich schaffe es kaum aufzustehen,

oder sie bitten zu gehen.

Wollte ja nicht allein sein,

doch Winterschlaf hält man allein.

Genauso ist es mit der Depression.

Hol den nächsten Blister raus,

sag mir geht's gut

zu meiner Mutter am Telefon.

Zum Glück sieht sie nicht das Chaos.

Die Playlist wird immer länger

Mit jeder Person, die einen verlässt.

Die Musik in meinem Kopf so monoton.

Sachen packen

Auspacken, umpacken, einpacken,

wegbringen.

Verlasse den Ort, der mal ein zuhause war.

Verteile mich an verschiedenen Orten.

Überall ein Teil von mir, aber nie mein ganzes Ich.

Überall zu Gast, doch nur das.

Wer braucht ein Wohnsitz, wenn man eh nirgendwo
angekommen ist.

Überall fehl am Platz, aber immerhin

Ein Schlafplatz

Träumen von irgendwann,

von einer eigenen Wohnung mit Balkon,

von

Wir brauchen die anderen nicht mehr,

nur uns,

von

ich kann meine Miete noch bezahlen

ohne einen leeren Kühlschrank zu haben

von

irgendwann alles alleine packen.

Aua

Es tut so weh am nächsten Tag,

wenn ich mich erinnere,

was ich zu dir gesagt hab.

Oder eher

was nicht.

Bereue es einfach aufgelegt zu haben.

Du hast die Tränen gehört,

brüchige Stimme.

Lieber hätte ich brüchige Beine.

Brauchte dich hier,

aber wollte nicht,

weil ich immer um mich schlage,

wenn ich mich selbst fertig mache.

Wenn ich wüsste, was los ist,

würde ich es dir sagen.

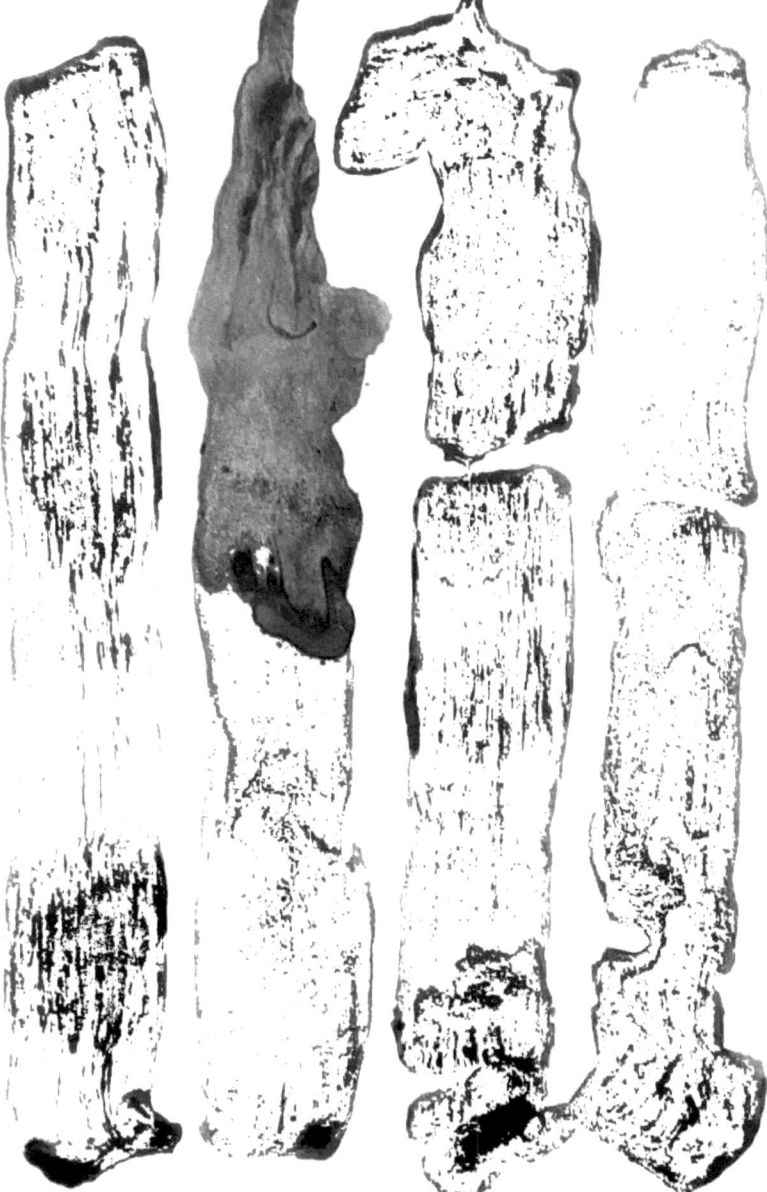

Durst

Ich versinke in deinem Pulli,

du riechst nach Geborgenheit.

Und ich bleibe gerne für dich wach,

denn ein Tag ohne dich wäre wie

ein Tag ohne Wasser.

    Mich durstet es so sehr nach Liebe.

Oder ein Tag ohne Sonnenlicht,

    denn ich verkrieche mich zu oft im Dunkeln.

In meinem Bett sind wir ein wir geworden,

und trinken Wein wie aus einem Brunnen,

aber keine Substanz raubt mir mehr den Verstand,

als der Geschmack von deinen Lippen.

Manchmal fühlt es sich nicht real an,

sondern wie im Film.

Für jemanden, der Kitsch nicht mag,

kann ich sehr kitschig sein.

Auf der Suche nach Worten bin ich

zwei Stationen zu weit gefahren.

Rezept

Woher kommt diese Angst

Vor Nichtigem?

Woher kommt diese Panik

vor Hypothetischem das folgt?

Grundlos aus gutem Grund.

Ich sitze auf dem Sofa

Und rede vor mich hin.

In die Apotheke,

Hol das Rezept,

Mit Karte bitte.

Löcher in meiner Haut

Die Wassertropfen bohren sich,

wenn wir unter der Dusche stehen,

in meine Haut.

Lehne mich an dich,

umfasse deine Hüften

und fühle mich wie:

ausgespuckt und zerkaut.

Optimismus wäre einfach,

wenn man weiß, wies geht.

Ich muss noch von dir lernen,

also küss mich weiter.

Online

Wie kann man so viel lieben,

dass es meine Organe zerreißt.

Liebe so viele Menschen,

kollabiere,

doch höre nie „ich liebe dich auch".

Umgreif mein Herz und zerquetsch es.

Kann nicht atmen, wenn du mir den Atem raubst.

Schlaflos,

nach Träumen, die so süß,

aber nur Träume sind.

Antworte doch

Schrei ich dich an.

(In meinem Kopf)

Sag mir was du fühlst,

will ich wissen,

will ich wirklich wissen.

Du siehst mich an

Und sagst nichts.

Tu mir gleich noch mehr weh.

Sag es

Sag es doch

Starre auf mein Handy.

Du bist online, aber schreibst nicht.

Manchmal

Männer sagen sie würden so etwas niemals tun.

Wie kann man nur so etwas tun?

Nein, sie würden so etwas niemals tun.

Und dann landet ihre Hand hier und dort,

ist ja nur freundlich gemeint,

sie wollen mir doch nichts tun.

Und die Hand geht nicht weg,

bedrohlich ruhend.

Frauen winden sich,

Jetzt nicht, lass mich.

Und die Hand geht nicht weg.

Eine kleine Berührung, große Panik.

Jetzt nicht, lass mich.

Was ist mit dir, ist doch nicht bös gemeint,

ich bin nicht so ein Mann.

Egal, egal, fass mich nicht an.

Brennende Haut und tränende Augen.

War doch nicht bös gemeint.

Schön/Hässlich

Menschen werden schöner

Je mehr man sie liebt

Und Menschen werden hässlicher

Je hässlicher sie sich verhalten.

Liebe deine Augen, so blau,

Liebe dein Gesicht, so sanft,

Liebe deine Schultern, so konstant,

Liebe deine weiche Haut,

sommergesprosst.

Liebe deine Arme um meine Hüfte,

Liebe deine Beine so stark und lang,

мій любий

Liebe meine FreundInnen und liebe meine Schwester.

So wunderschön die Leute um mich herum,

wie ein Blumengarten.

Doch auch Unkraut wächst überall.

Menschen, die verletzen und zerstören,

47

Bomben werfen, Häuser niederbrennen,

Heimatboden vergiften nur auf Befehl.

Ein kranker Mann kann tausende Töten

Mit einem Fingerschnips.

Denn Macht macht die Menschen grausam,

Macht macht die Menschen hässlich.

Könnte man sie bloß so einfach ausrupfen.

Wären alle Menschen gut, wäre die Menschheit schön.

Zick zack

Haken schlagen

In meinem Kopf

Versuche wegzurennen vor meinen Gedanken.

Aber ich habe keine Ausdauer,

sie holen mich immer ein.

Fest gepackt am Arm,

reißen sie mich herum, spucken mir ins Gesicht.

Keine Chance zu entkommen,

außer ich versteck mich unter Substanzen,

die den Geist vernebeln.

Schlechte Sicht, durchs Dunkel tappen,

aber so findet man auch nicht nach Hause.

Versuche mich zu befreien von dem Griff,

Stoß sie weg

Lass mich los

Toxische Gedanken schaden nur sie

Nützen nichts

Schreien mir ins Gesicht, um mich fertig zu machen.

Doch ich schrei zurück,

schrei ganz laut.

Hesse

Lese immer wieder dieselben Hermann Hesse Bücher,

weil man sich in seinen Gedanken zu gut

findet und verliert.

Und vielleicht liebe ich den Rausch zu sehr,

Alkohol bringt es schon lange nicht mehr.

Aber deine Liebe ist wie Amaretto,

süß und kickt gut.

Trotzdem glaube ich wir lieben uns besser,

wenn wir glücklich sind

Und hadern, wenn nicht,

weil mich dann plötzlich vieles stört,

wie oft du rauchst,

wie wenig du isst,

wie spät du nach Hause kommst.

Dinge, die du nicht als Probleme siehst, aber ich
schon.

Weil ich mir Sorgen mache,

trotzig fällt mir Nähe dann so schwer,

als wäre Berührung Gift, selbst von dir.

Manchmal bin ich einfach nur

traumatisiert,

Manchmal denk ich ans Aufgeben,

ans wegrennen,

ans ich kann das nicht mehr.

Ich muss mir sagen, dass es nicht an meiner Liebe
liegt,

sondern an der Gewohnheit

alles zu schnell abzubrechen.

Will mich abbrechen,

will mich zu oft beenden,

doch du liegst neben mir

und ich könnte es niemals.

Will weinen, weinen, weinen,

alles so schwer.

Halte mich fest und lass mich nicht gehen,

bis ich wieder ich selbst bin,

und nicht die Worte in einem Hermann Hesse Bucht

Traum

Mein Herz bricht jeden Morgen,

wenn du dich aus meiner Umarmung löst um
aufzustehen.

Mein Gesicht gepresst an deine warme weiche Haut,

dann ein Abschiedskuss, kalte Luft, wo du grad noch
lagst

und der Abdruck auf deinem Kissen,

allein im Bett,

vermissen,

als hätte ich dich für immer verloren

und nicht nur für einen Tag.

Will vorspulen zu dem Moment, an dem ich

wieder mit dir existieren kann.

Haut an Haut, so nah wie möglich, aber nie genug.

Wenn man zusammen einschläft,

kann man auch zusammen träumen.

Hoffe ich zumindest.

Uniform

Immer noch, wenn ich einen Soldaten sehe,

läuft es mir kalt den Rücken runter.

Nicht weil ich ihn je in Uniform gesehen hätte,

sondern weil ich daran denken muss, wie stolz er
sagte,

er freue sich auf die Front,

weil er seine Tötungen auf seiner Waffe sammeln
wolle.

So wie er Mädchen sammelte, um sie kaputt zu
machen, wie er es selbst ist.

Alles Lügen, die er uns mit einer Flasche Vodka
auftischte.

So ein harter Kerl, so defekt.

Behauptungen und Parolen,

keine Minderjährigen, ja alles gelogen.

Und ich war nur froh, dass mich jemand will, wenn
nur für einen Moment.

Im nächsten schon bereut.

Im nächsten schon geschrien.

Nie nein gesagt, schon damit verloren in den Augen des Gerichts.

Die Schutzbedürftigen werden nicht geschützt, die Bestrafenswerten nicht bestraft.

Ich zucke immer noch zusammen, wenn ich einen Soldaten sehe.

Wasserfall

Tränen strömen kalt im Sommer

die Hügel meiner Wangen hinunter,

kühlen mich ab,

brechen aus der Quelle heraus.

Ich kann es nicht aufhalten,

kann darin schwimmen,

so emotional.

Brauche keinen Grund zu finden,

einer ist immer da.

Suche den Schlaf, suche die Nähe,

dann plätschern sie nur noch wie ein Bach,

doch wenn wir beide weinen,

Arm in Arm,

entsteht eine Flut, die uns mitreißt,

weil wir nicht mehr aufhören können.

Versuchen den anderen nicht ertrinken zu lassen,

versuchen dabei nicht selbst unterzugehen.

Defibrillator

Kann ich etwas retten,

wovon ich nicht weiß, ob es stirbt?

Zu große Angst hab ich zu fragen,

ob du das genauso siehst.

Hab ich in der Vergangenheit schon zu oft zu früh
gehandelt,

vielleicht überreagiert,

vielleicht richtig.

Was kann ich tun, um es uns zu erleichtern?

Sterbehilfe oder Wiederbelebung?

Denke zu viel darüber nach, wenn mein Herz bricht.

Wie an einem Freitagnachmittag, wenn ich versuche
das zu finden,

was mich früher in deinen Augen so angeleuchtet hat.

Nun ist es, als sähest du mich überhaupt nicht mehr
an, nur vorbei.

Du sagst du liebst mich, monoton.

Ich sag ich lieb dich auch, monochrom.

Oder ist es einfach schon die Gewohnheit,

die Beziehungen trüber macht.

Halten wir noch fest, weil wir es wollen,

oder aus Angst? Weil wir nicht anders können.

Nein, ich bin nicht am Überreagieren, ich bin nur verletzt.

Du verletzt mich ohne Taten, ohne Worte,

das *ohne* ist, was weh tut.

Fühle mich fremd, wünschte wir hätten wieder Dezember,

wünschte du würdest wieder bei mir klingeln,

mit einer Flasche Wein in der Hand.

Blinzle Tropfen weg, versuche später zu lächeln, als wäre es wahr.

Versuche uns zurückzuholen mit einem Defibrillator.

Schulterblatt

Kralle meine Finger in deine Haut,

aus Angst dich loszulassen.

Will dich nicht loslassen,

aus Angst, dass du mich nicht willst.

Vielleicht willst du mich nicht,

aus Angst verletzt zu werden.

Du willst mich auch nicht verletzen,

aus Angst mich zu verlieren.

Willst mich nicht verlieren.

Ich weiß, was ich gestern sagte tat weh.

Schweigend nach Hause gefahren,

schweigend ins Bett.

Ich höre dich schluchzen und halte dich fest,

aus Angst dich loszulassen.

Lege mein Gesicht in die Kuhle zwischen deinen
Schulterblättern.

Deine Haut ist warm,

doch den Tag über bist du kalt,

aus Angst. Aus Angst wovor?

Du küsst mich nicht, siehst mich nicht an.

Und ich kralle mich weiter an dir fest,

aus Angst dich loszulassen.

Hab ich gestern noch gesagt, dass alles zu anstrengend ist.

Hab ich gestern noch zu laut gezweifelt,

und heute still gehungert nach dir.

Will, dass du mich zurück drückst,

aus Angst, dass du mich wegstößt.

Will eine Kuss auf meiner Stirn,

aus Angst, dass ich nie wieder einen kriege.

Dabei bin ich nicht das Opfer, bin nicht ich die Schwache,

doch fühl mich schwach.

Bin hier für dich, doch noch wie lang?

Bis ich mich an den Scherben schneide, die du am Boden liegen lässt.

Meerjungmensch

Ich bin die Meerjungfrau in deinem Bad,

meine grüne Schwanzflosse hängt über der viel zu
kleinen Wanne.

Eine Wanne viel zu klein für einen Fisch wie mich,

doch perfekt für einen Menschen,

denn Menschen schränken sich generell immer zu sehr
ein.

Von der Flosse tropft das Wasser auf die Fliesen,

bildet Pfützen aus Männertränen,

denn Meerjungfrauen fressen bekanntlich Männer
gerne auf.

Ich zünde eine Zigarette an, denn neben Kiemen, hab
ich auch Lungen,

die der Mensch bekanntlich gern kaputt macht.

Ich folge nur seinem Vorbild,

Fische rauchen nicht.

Ner-ol-rev

War noch nie so

Ver-

lo-

ren.

Ohne Heimat, ohne Heim.

Kein Platz, wo ich gerade sein kann,

sozusagen obdachlos.

Nur, dass mich Menschen aufnehmen würden, wenn
ich frage.

Aber ich frag mich nur, wo ich heute schlafe,

ob ich zu ihm zurückkehren kann,

obwohl der Gedanke mir die Luft abschnürt.

Ich frage mich, ob ich eine Nacht im Krankenhaus
verbringen kann,

wenn ich mich stark genug verletze,

doch ich verletze mich nicht,

ich bin schon stark verletzt.

Vielleicht ertrinke ich und schlafe im Wasser.

Vielleicht ist das eine Panikattacke,

oder attackiere ich die Panik?

Trinke den Likör, der als Geschenk gedacht war.

Diese Beziehung tut mir gerade zu sehr weh.

Hochsensibel

Zu hoch sensibilisiert sich manchmal meine
Hochsensibilität.

Wie ein Funke, der auf mir landet, zu einem Knall in
meinen Ohren wird.

Das gluckern des Wassers in meiner Flasche,

das leise Kauen auf totem Tier,

Störgeräusche.

Die Zigarette, die du mir nicht anbietest,

das fehlende *ich liebe dich* am Morgen,

das Interesse, die ich nicht bekomme,

krieg ich alles mit.

Krieg ich alles nicht runter.

Ein Funke wird zu einem Knall.

Zu hoch, zu sensibel.

Wenn Leute nichts essen, wenn Leute sehr viel essen.

Verwestes Gemüse im Kühlschrank,

das, was du sagtest, was du tun würdest,

doch nie tatest.

Als wäre alles ein gebrochenes Versprechen,

und keine Kleinigkeiten.

Für mich ist nichts eine Kleinigkeit,

solange es mich betrifft.

Warm

Kann nicht mehr nackt schlafen,

denn die Glut zwischen unseren Körpern

wärmt nicht mehr allzu stark.

Pfingstrosen verkümmern in einer leeren Vase,

habe sie verkümmern lassen,

aus Wut, über das Glück, das wir mal hatten.

Hatten.

Ich rase.

Die Glut in meinen siedenden Augen wärmt viel mehr.

Es gibt keinen Ort, wo ich grad sein kann,

kein Ort, wo ich sein will.

Ein Schnitt

an der Kehle,

das ist, was ich mir grad wünsche.

Geb ich auf,

mal wieder.

Gebe wieder, was so schmerzt, einen Tritt

In meinen Bauch.

So fühlt sich das lange Schweigen an.

Möchte auf alles eintreten.

Meine Therapeutin erreiche ich auch nicht mehr.

Und die Medikamente liegen unangetastet in der Box.

Sperre mich in einer ein,

oder sperre mich von allem aus.

Dort, wo man die Wärme nicht mehr spürt.

Glanz

Mit Glanz und Gloria ins Verderben schniefen,

weißes Pulver jeder Art,

sorgfältig in Tütchen verpackt,

im Netz gehandelt,

auf der Straße verkauft,

hinter der Schule,

oder auf dem Parkplatz der Justizvollzugsanstalt.

„Für nen Fuffi geh ich nicht raus", ah ja

Kleine Teile, pink oder blau,

Lackierte Fingernägel, pink oder blau.

Tanzen, tanzen, tanzen,

damit wir morgen den ganzen Tag verschlafen
können,

als existiere die andere Welt nicht.

Wir machen uns nur bisschen Sorgen,

nicht genug, um aufzuhören,

nicht mal, wenn die Nase blutet,

und sie blutet oft.

Häufiger als die Periode, Tampon in der Nase.

Keine Türsteher halten uns auf, interessiert nicht, was ihr nehmt.

Jeder nimmt alles auf den Gängen, nicht genug Scham,

um dazu auf die Toilette zu gehen, wie man das sonst macht.

Scheine in der Tasche, nur um damit zu ziehen, sonst alles online bezahlen,

wie das Lieferessen.

Kräuter zum Einschlafen, sonst kommt er nicht runter.

Aber ich will doch gar nicht runterkommen.

Dinge laufen selten, wie man will,

meistens nie, doch irgendwie,

wir hören auf zu reden, wir schauen uns nicht mehr an,

schweigend eingeschlafen, doch nicht zusamm'.

Bis die Stille nicht mehr tragbar ist, bis wir
verzweifeln

und Vorwürfe aneinander schmeißen.

Dann fließen Tränen zwischen unseren Augen,

Schmecke dein Salz.

Wie im Curry, das du kochst, wenn wir uns wieder
eingekriegt haben.

Schmerzvoll scharf,

schlecht für den Magen,

doch gut für die Seele,

tust du mir.

Trotz mancher Zweifel,

trotz mancher Angst.

Doch reden hilft, das sehen wir ein,

in meinem Kopf nichts als Klagen,

kurz vorm gehen,

doch entscheide mich immer wieder für die Liebe,

entscheide mich immer wieder zu bleiben.

Altbauwohnung

Wir sitzen in der Altbauwohnung

Und trocknen meine Tränen,

oder versuchen es zumindest.

Doch kann nicht erklären,

warum mich meine Liebe zu dir so glücklich macht,

dass ich eigentlich nur sterben will.

Ich zünde eine Zigarette an,

in der Hoffnung, dass der Rauch alle Geister vertreibt,

und will sie ausdrücken auf meinem Knie,

aber tu es nicht.

Du riechst an meinen Haaren

Und sagst wir kriegen das schon hin.

Amor

Schauen zurück,

Menschen schauen immer zurück,

auf jede gescheiterte Liebe, auf jedes gescheiterte Glück,

auf jede Ablehnung, auf jeden Verdruss,

und haben Angst, dass sich alles wiederholen muss.

Aber ich will mich nicht zurückhalten, will meinen Geist nicht

In die falsche Richtung wenden, dort gibt's nichts zu sehen.

Sehe nur dich, in Nahaufnahme,

dein Gesicht tapeziert über mein Herz.

Kalenderseiten abgerissen jeden Tag für Tag,

schon ist es ein halbes Jahr.

Tomaten

Die Tomaten auf dem Balkon

Werden langsam rot

Und meine Augen auch.

Mit Tränen eine Gießkanne füllend,

gieße alles über mich.

Der Sommer hier

Wird langsam grau.

Grau wie meine Haut

Zu wenig Vitamin D

Zu viel Vitamin T(ut weh)

Die Farben an den Fingern lassen sich schlecht abwaschen,

irgendwann muss man

Schluss machen,

weil das immer so kommt.

Also wird die Gießkanne voller,

keine Pflanzen hier zu wässern mehr.

Dann kann ich den Blumentopf auch an die Wand schmeißen.

Mein Rücken windet und wölbt sich

Wie heißer Asphalt

Unter dem Druck der Welt, die

Väter führen,

Väter verbrennen,

Väter zerstören

Und Mütter

Im Graben liegen lassen.

Die Eltern altern sehen tut weh

Die Erkenntnis, dass alles endet

Und wir irgendwann auch so alt sind.

Und die Welt?

Wird heißer und zerplatzt

Wie heißer Asphalt,

Wenn sie weiter in den Wunden bohren

Und alles aussaugen.

Ignoranz ist die größte Volkskrankheit.

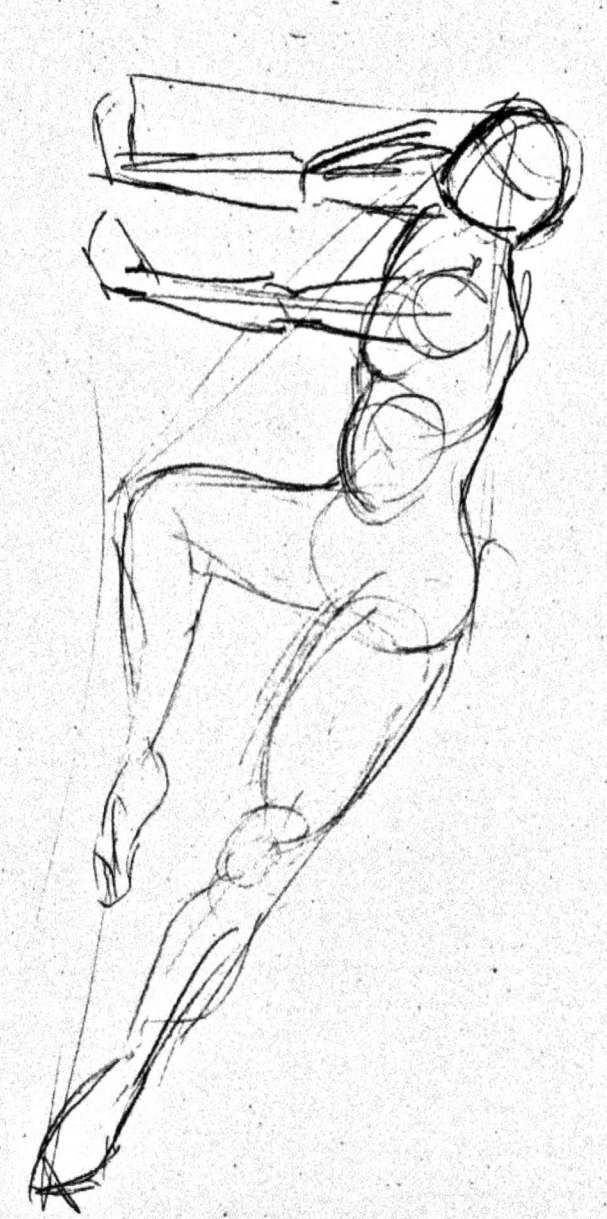

So viele fremde Schlüssel am Bund,

doch keiner für mein eigenes Heim.

Muss nicht in anderer Leute Leben einbrechen,

sondern gehe durch die Vordertür hinein.

Die Augenringe jeden Morgen ein wenig tiefer,

doppelt so schnell gealtert wie Jahre Vergehen

und nachts knirscht der Kiefer,

wenn wir uns schlaflos im Schlaf umdrehen.

Vom Gewicht auf den Schultern

Geht das Kreuz junger Leute kaputt

Träume zu leben

Jetzt!

Oder unter einem Bürotisch kauernd

Durchzudrehen.

Buchseiten zerschneiden, Schnipsel wie Müsli

In Milch einweichen.

Ja, so lebt es sich außerhalb der Sonntage in den
Stammkneipen.

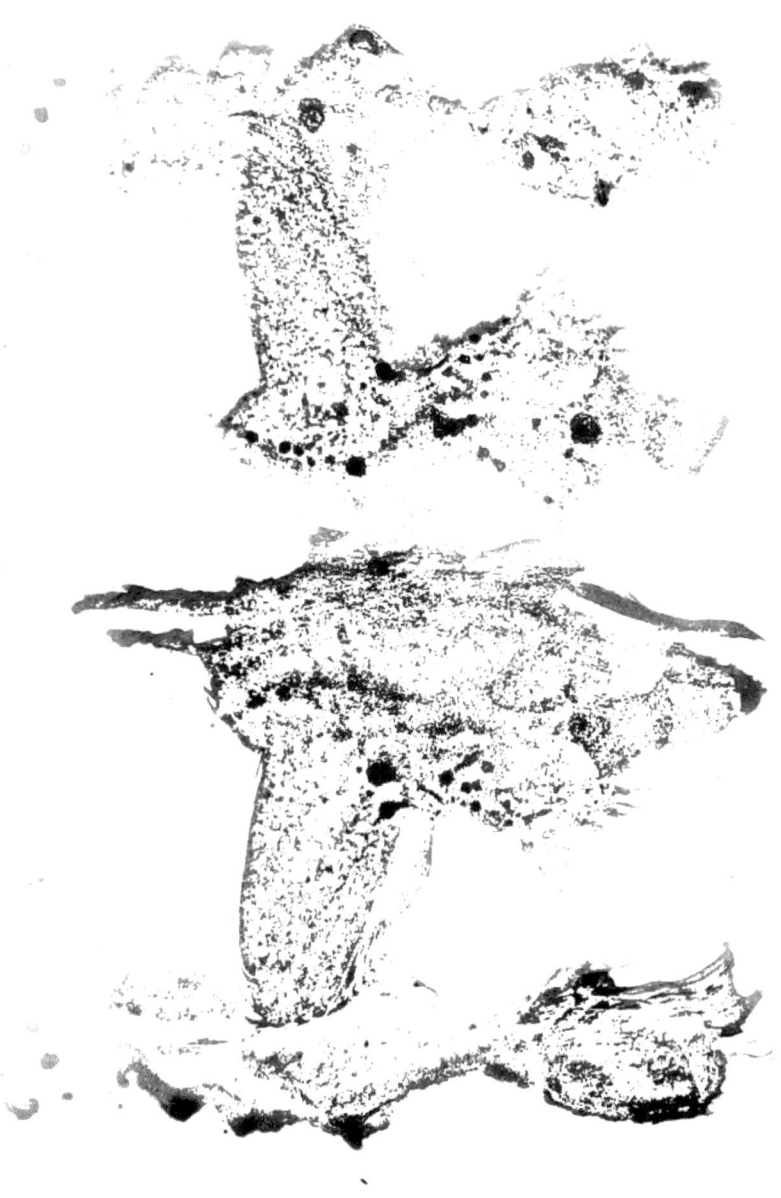

9

September schmeckt nach Nostalgie,

wenn die Kälte unter Kleidung kriecht

und man weiß, dass es für den Sommer

keine Hoffnung mehr gibt.

Dann denk ich an letztes Jahr und das Jahr davor.

Die Musik von damals wieder hören,

wieder alles fühlen,

Akupunktur im Herz.

Wie ich Menschen verließ und Menschen fand.

Über Bauzäune klettern,

meines Vaters Auto klauen.,

zu viel geraucht, zu tief getaucht

bis der Druck in den Ohren steigt.

September triefendnass vor Bedeutung.

Und dann schnürt es dir die Luft zu,

wenn du Nachrichten liest,

die wie Bomben einschlagen

im Land, das dein Vater einst verließ.

Und deine Mutter dir sagt

-       Und ihre Stimme bricht dabei –

Wie deine Verwandten sich vor den Angriffen
verstecken

Oder andere Soldaten decken.

Einer liegt im Krankenhaus,

noch ist keiner tot.

Jeden Tag die Angst davor.

Und die Videos im Internet brennen sich tiefer

In dein Fleisch. Dir wird schlecht.

Das Gefühl von Schuld, weil du hier bist,

in Sicherheit, und sie dort.

Hat deine Baba schon den Vater an den Krieg
verloren,

so immerhin nicht den Sohn.

Deutscher Pass, Leben gerettet.

Kein Appetit in diesen Tagen,

Tränen, die sprießen,

Körper, die fließen ins Schwarze Meer.

Nicht mal Schlaf ist mehr Flucht,

es verfolgt mich in meine Träume.

Ich will, dass du mit mir redest,

sagst du,

und darauf sag ich nichts.

Suche nach Worten, versuche sie zusammenzulegen

Zu einem Satz,

doch gehen alle Stücke verloren auf dem Weg

zum Mund.

Ich weiß nicht.

Kein Satz kann beschreiben, wie ich mich fühle,

das sähest du, wärst du in meiner Haut.

Du wirst traurig,

wütend,

oder enttäuscht.

Als würde ich das mit Absicht machen.

Dann der Trotz:

Ich muss nicht reden, wenn ich nicht will.

Meine Gedanken gehören mir.

Toxisch, sagst du, ist mein Verhalten.

Doch manche Gefühle, kann man nicht beschreiben,

manche Gefühle haben keine Farbe,

manche Gefühle haben keinen ersichtlichen Grund.

Sind einfach da, zack-bum!

Und die Stimmung zwischen uns wird schlecht,

weil ich mich nicht erklären kann.

Dafür kann ich mich leider nicht entschuldigen.

Tierisch-lautes Jaulen entflieht meiner Kehle,

die ich mit Händen umschließe,

die brennt von der Säure,

die meine Zähne schmelzen lässt.

Der Magen noch verkrampft am Zittern,

Erst gedehnt, dann gezogen und gepresst.

Schwindelnder Kopf so schwer,

fließe, Wasser, fließe.

Nichts bereue ich jedes Mal mehr.

Die letzten Wochen waren ein Krampf

Im Magen.

Ein Knoten, der sich nicht löst

Und keine Nahrung hereinlässt.

Mir ist schlecht.

Unterschlafen, unterzuckert, untervögelt, unter …was?

Zu viele Gedanken, die sich zu wenig machen.

Wie geht's dir?

        Ganz ok, und dir?

Unsere Nachrichten werden immer kürzer.

Flucht

Krieg

Einsamkeit + Zweisamkeit

Kur / ...

Goethe

Rauchen

College | Alkohol

Ich liebe dich

Für immer.

Nur kann ich nicht mehr jetzt.

Es war unser Jahr

Für immer,

doch oft genug haben wir uns verletzt.

Stiller Streit über unsere gemeinsame

Einsamkeit.

Im Bett liegend wimmern,

ich hielt dich fest.

Nur fällt mir das Essen wieder schwerer,

alles zu viel Stress.

Kilos fallen wie der Schnee,

Im Dezember kennengelernt,

jetzt tut der Dezember weh.

Ich liebe dich

Für immer.

Schreibe ich von Tränen benetzt.

Auf Wiedersehen